Vicens Vives
Educación Primaria

PLÁSTICA

I. Ceballos Guerrero
C. Ruiz Espino

3

aula activa

Ilustrado por: Jordi Fenosa y José Ignacio Gómez.

Este libro está impreso en papel ecológico reciclable y con tintas exentas de elementos pesados solubles contaminantes. Directiva Europea 88/378/UE, norma revisada EN/71.

Primera edición, 2014

4 5 6 7

Depósito Legal: B. 13.603-2014

TEMA	ARTE Y CULTURA	OBSERVACIÓN PLÁSTICA Y AUDIOVISUAL	EXPRESIÓN ARTÍSTICA	DIBUJO GEOMÉTRICO
1 **Empezamos** (pág. 3)	*Muchacha ante el espejo.* Pablo Picasso.	Lectura de la imagen. El cine de animación. La figura humana. La observación. Puntos de vista, proporciones y perspectivas.	Dibujos de caras y expresiones. Uso de material reciclado: la revista. El plano en artistas del s. XX: Picasso.	Las formas geométricas. Uso de la circunferencia. La medida: el centímetro.
2 **Los sentidos** (pág. 11)	*El trampantojo.*	La imagen: figura y fondo. Los trampantojos y las ilusiones ópticas. Ángulos de visión. Recursos gráficos del cómic.	Plano como elemento de la forma. La textura. El *collage*. Dibujo desde ángulos distintos. Las cenefas.	La simetría por repetición. Simetría facial.
3 **El color** (pág. 19)	*Santa Isabel de Portugal.* Francisco de Zurbarán.	Identificación de elementos principales en un cuadro. Los colores. Las tonalidades. Los símbolos.	Aplicación de los colores pimarios y secundarios. Dibujos con colores tristes y alegres. Coloreado con tonalidades.	Simetría en objetos de tres dimensiones.
4 **Las fiestas** (pág. 27)	*La Anunciación.* Fra Angélico.	La imagen como símbolo. Figuras y adornos navideños. El resultado de utilizar distintos materiales.	Uso de témperas. El bodegón. Dibujo a partir de modelos gráficos. Dibujo de detalles navideños. El símbolo.	El círculo en la composición pictórica.
5 **La creatividad** (pág. 35)	*La primavera / El hortelano.* Giuseppe Arcimboldo.	Búsqueda de imágenes digitales. Dibujos entrelazados. Creación de composiciones. Las distintas texturas visuales.	Dibujo de un bodegón. Mapa del tesoro. Elaboración de objetos siguiendo unas instrucciones. La textura artificial.	
6 **La línea** (pág. 43)	*El grito.* Edvard Munch.	Búsqueda de imágenes digitales para inspiración de un dibujo. La cuadrícula. La línea ondulada en la naturaleza.	Dibujo libre del cuadro *El grito*. Posibilidades expresivas del plano. Realización de dibujos con líneas.	Rectas paralelas, perpendiculares y oblicuas. Los segmentos y sus sumas. Composición con líneas.
7 **Los animales** (pág. 51)	*La Alhambra: Patio de los leones.*	El cómic: viñetas y bocadillos. Creación de una historieta. La textura. Ángulos de visión.	La textura neutral. Uso de témperas. El esgrafiado. Dibujo de frente y de perfil. Confección de una telaraña.	La simetría con figuras geométricas.
8 **Las plantas** (pág. 59)	*Vendedora de alcatraces.* Diego Rivera.	Análisis de la imagen: descomposición. Luz y sombra en una imagen. La cuadrícula. La perspectiva.	El claroscuro para crear volumen. La témpera. Luces y sombras con lápiz de grafito. Los materiales reciclables.	
9 **El paisaje** (pág. 67)	*El Sena en Asnieres.* Pierre-August Renoir.	Búsqueda de imágenes en el ordenador. Simetrías y reflejos en el agua. Dibujo de fenómenos naturales y paisajes.	La textura en la composición. Dibujo de las estaciones. Representación del cielo y de paisajes.	La simetría: el reflejo.
10 **Materiales** (pág. 75)	*Castillo de Ponferrada* (León).	Secuencia de una historia formando un cómic. Materiales de creación plástica. Dibujo con dos rotuladores. Luz y sombra.	Técnicas y materiales para conseguir diferentes texturas. Representación bidimensional del volumen.	Dibujo de líneas con regla: líneas paralelas, perpendiculares y oblicuas.
11 **El pasado** (pág. 83)	*La chiquita piconera.* Julio Romero de Torres.	Composición: elección de imágenes. Situación de los elementos en una imagen: delante y detrás.	El *collage* con recortes de revista. El claroscuro en el s. XX. Calcado de una moneda frotando con un lápiz.	Elementos básicos de la circunferencia y el círculo. Diversos tipos de líneas.
12 **Las Vacaciones** (pág. 91)	*El circo.* George Pierra Seurat *Puerto de Saint Tropez.* Paul Signac.	Descripción de sensaciones y observaciones. Análisis de la imagen: el símbolo. La gama de un color.	Modelado de texturas. El puntillismo. Copia de dibujos modificando la posición de elementos. La plastilina.	La simetría por repetición. Dibujos a partir de una línea. Distintos tipos de ángulos.
Cartulinas (pág. 101)				

¿Cómo es este libro?

Entrada

Al principio de cada tema encontrarás una obra de arte acompañada de actividades de expresión oral y de observación.

También podrás ampliar la información sobre algunos autores y obras de arte a través de Internet u otros medios.

Interior

En el interior del libro realizarás actividades relacionadas con cada tema.

A lo largo del curso aprenderás a trabajar con diferentes técnicas plásticas.

Podrás recortar, picar, pegar, modelar, diseñar, colorear, etc.

La mascota

A lo largo del libro encontrarás a Confetti, un gusano de colores que te acompañará en las actividades, te ayudará a que trabajes mejor y te dará útiles y divertidas sugerencias.

Cartulinas

Las cartulinas están diseñadas para trabajar diversas técnicas plásticas y también para que puedas llevarte los trabajos a casa o exponerlos en la clase.

Encontrarás las cartulinas al final del libro. Para poder identificar la cartulina correspondiente a la ficha, fíjate en el color del tema y el número.

1 EMPEZAMOS

- Observa el cuadro de Picasso y contesta:
  - ¿Ves alguna figura geométrica en el cuadro?
  - ¿Crees que la expresión del personaje del cuadro es seria o alegre?
  - ¿Qué forma tiene el espejo?
- Busca en Internet cuál es el nombre completo del pintor y dónde nació.

Pablo PICASSO: *Muchacha ante el espejo.*

1. Colorea el cuadro usando los mismos colores que utilizó Picasso:

2. Observa la imagen de la cara representada con diversos alimentos. Dibuja otra cara hecha con distintos objetos:

3. Observa cómo están hechas las caras. Recorta fotos de revistas y forma una cara como estas:

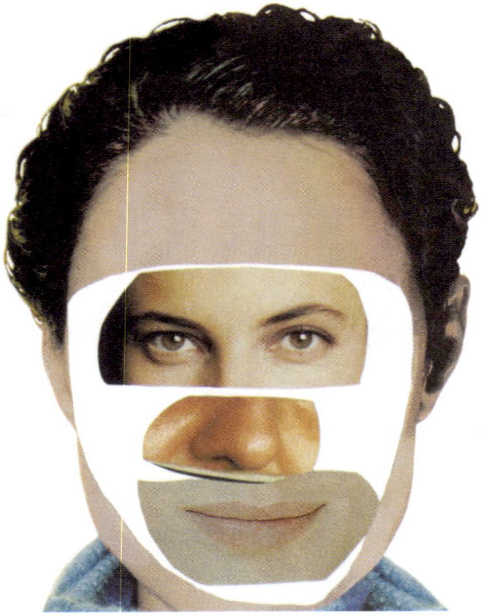

explorador@
Componer rostros
www.tiching.com/

4. Lee en qué consiste el cine de animación y, después, dibuja un paraguas de tres maneras: cerrado, a medio abrir y abierto del todo:

EL CINE DE ANIMACIÓN

- Consiste en dar movimientos a dibujos, objetos o figuras que no están vivas.
- Esto se consigue fotografiando cada movimiento del objeto y, luego, al pasar todas las fotos juntas rápidamente parece que el objeto se mueva solo.

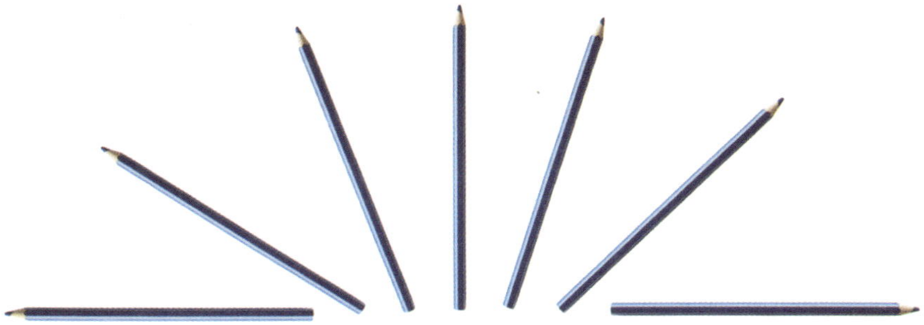

Cartulina 1. Recorta la tira donde aparecen los ojos. Pica o recorta los ojos y las líneas. Introduce la tira por las aberturas laterales y desplaza los ojos hacia un lado y el otro. Si fotografiases cada pequeño movimiento de los ojos, al pasar todas las fotos juntas parecería que el dibujo de la niña estaría realmente moviendo los ojos.

5. Busca las formas geométricas en los siguientes dibujos y escribe su nombre:

6. Escribe cuánto miden estos objetos y dibuja un objeto que mida 7 centímetros. Para ello, primero marca del 0 al 7 y haz el dibujo sin salirte de esos límites:

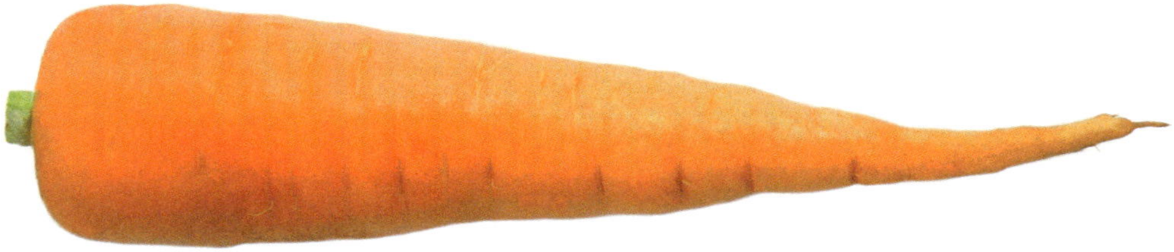

La zanahoria mide .... cm

La tirita mide .... cm

El peine mide .... cm

7. Dibuja la cara de un niño y la de una niña con distintas expresiones:

Cartulina 2. Cámbiale el gesto al chico con las dos expresiones. Recorta por las líneas punteadas e introduce la tira de la derecha.

2 LOS SENTIDOS

- Los trampantojos se suelen crear para ocultar defectos en una pared o crear belleza.
  - ¿Te parece divertida esta técnica? ¿Por qué?
- Las ilusiones ópticas: son imágenes que se ven distintas de la realidad. Según desde el punto que observes la imagen verás una cosa diferente.
  - ¿Alguna vez has visto un cuadro que sea una ilusión óptica?

1. Colorea el trampantojo con los colores que más te gusten:

2. Lee y observa los dibujos. Colorea el pollo e indica que huele bien:

> Para indicar que una comida huele bien o está caliente, se dibujan unas líneas onduladas por encima de los alimentos o también pequeñas nubes de vapor de agua.

3. Observa los dibujos de la tarta realizados desde distintos ángulos de visión y contesta:

– ¿Dónde está situada la persona que mira la tarta?

....

....

– ¿Por qué lo piensas?

....

....

....

....

– ¿Quién está mirando la tarta: un niño o un adulto?

....

....

– ¿Por qué lo piensas?

....

....

....

....

– ¿Quién crees que mira la tarta ahora?

....

....

– ¿Por qué lo piensas?

....

....

....

....

4. Dibuja tú otra tarta diferente desde el ángulo que se especifica en cada caso y contesta:

Para dibujar las tartas desde diferentes ángulos, fíjate en la parte superior. En la 1ª, hay un óvalo muy cerrado; en la 2ª, el óvalo está más abierto; y, en la 3ª, solo se ve una línea curva. Observa también las franjas de las tartas.

tarta vista de frente	tarta vista desde arriba	tarta vista desde abajo

– La tarta que más me gusta es la vista:

....

Para ayudarte, fíjate en las tartas de la página anterior.

5. Escucha música y dibuja lo que te sugiere:

Cartulina 3. Elabora un *collage*. Pega arena o serrín sobre la playa, algodón para las nubes y plásticos para el agua. Experimenta el sentido del tacto; toca las diferentes texturas de los materiales utilizados.

6. Observa los dibujos simétricos. Dibuja una mariposa y rellena la mitad con lápiz negro como en los ejemplos:

explorador@digital
Completar rostros.
www.tiching.com/494228

Cartulina 4. Dobla la cartulina por la mitad, después recorta siguiendo el contorno de la cara. Abre la cartulina y completa la otra mitad de la cara del niño.

7. Continúa las grecas hasta el final:

3 EL COLOR

- Indica cuál es el elemento principal del cuadro.
- Menciona los colores que tiene el vestido de la mujer:
  - ¿Cuál te parece que es el color que destaca más?
  - ¿Cómo es el fondo del cuadro, claro u oscuro? ¿Es del mismo tono todo el fondo?
- Busca en Internet o en la biblioteca cuándo y dónde nació Francisco de Zurbarán.

Francisco de ZURBARÁN: *Santa Isabel de Portugal.*

1. Colorea los globos con los tres colores primarios. El color primario es el que no se puede obtener mediante la mezcla de ningún otro:

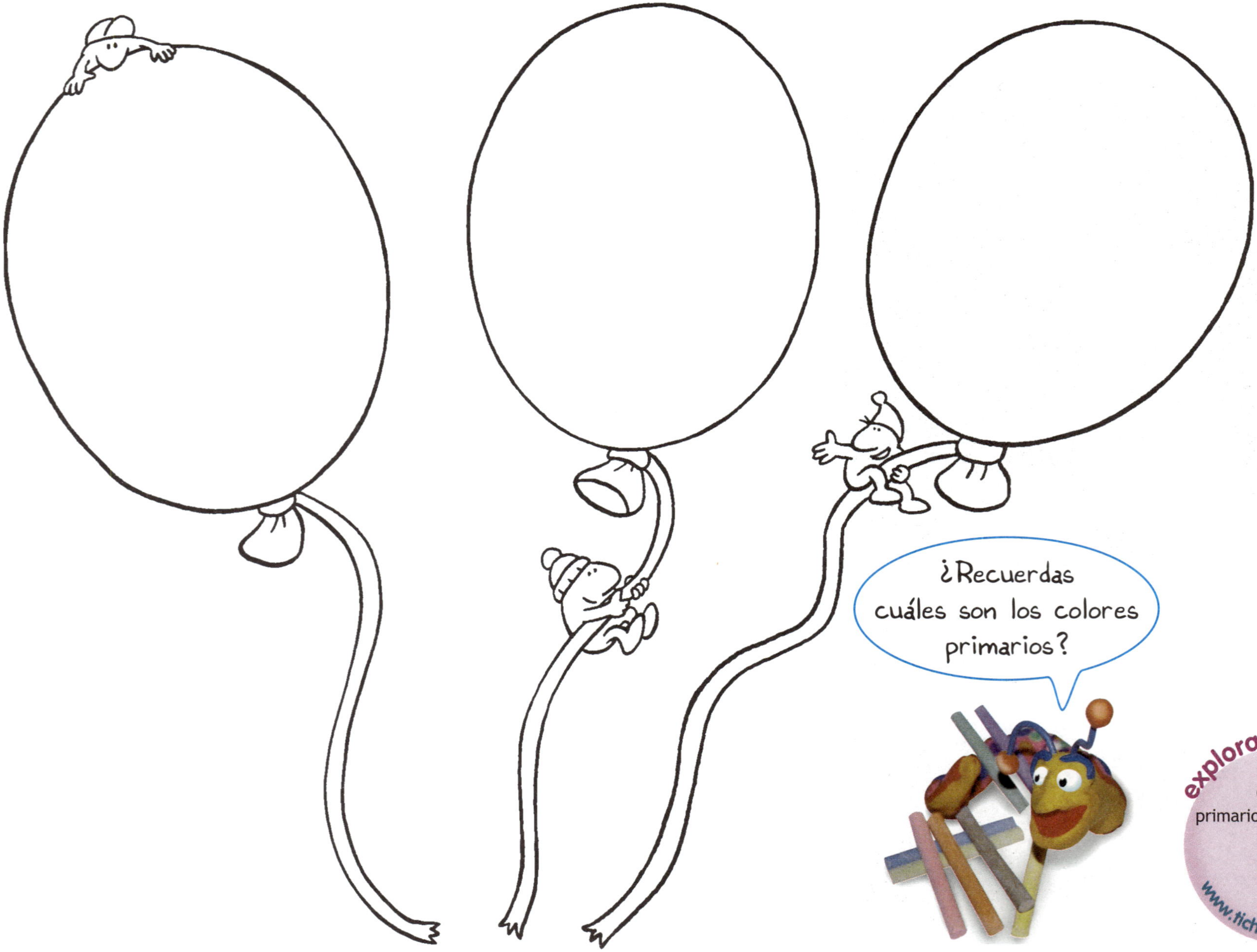

explorador@digital
Colores primarios y secundarios
www.tiching.com/494230

2. Colorea los globos siguiendo el código de colores:

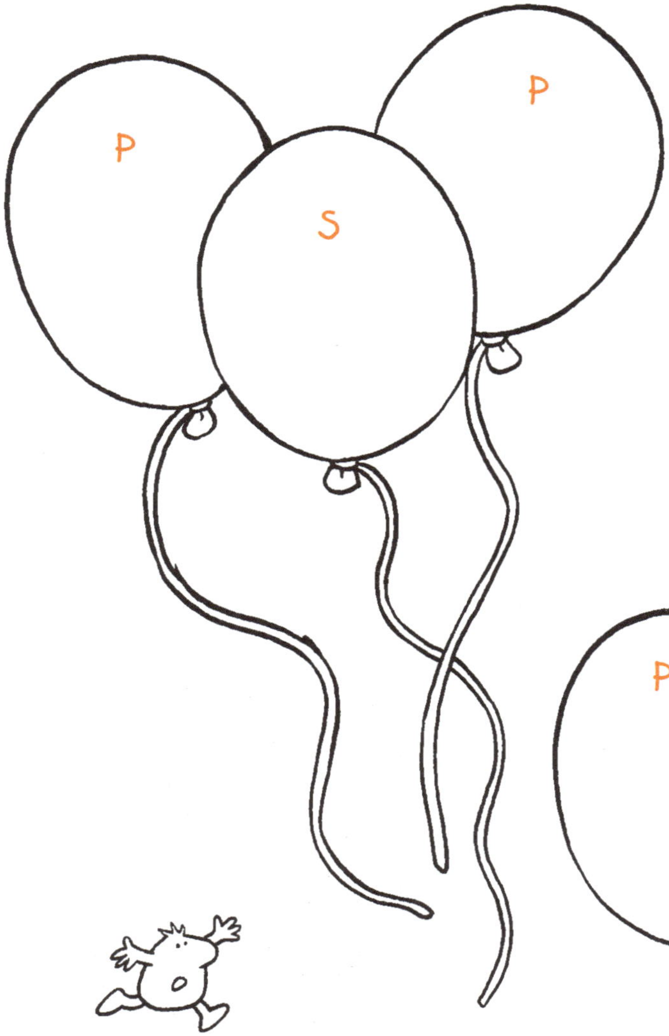

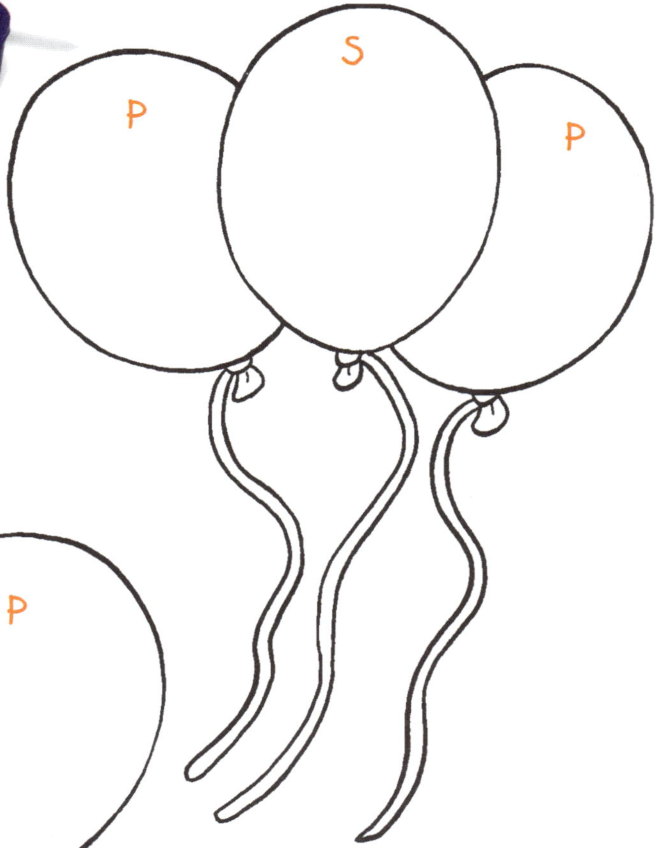

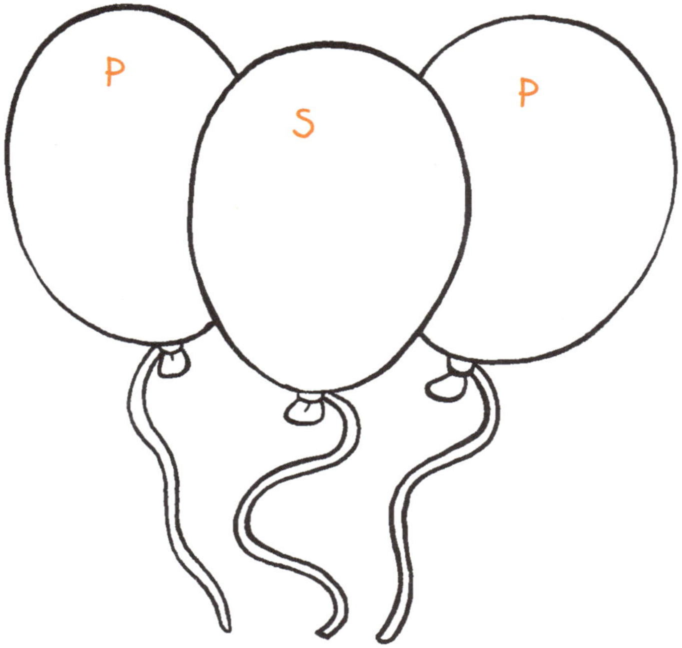

CÓDIGO DE COLORES

P: color primario

S: color secundario

3. Lee y escribe una letra en cada color siguiendo el código. Colorea un círculo blanco con un color triste y el otro círculo con un color alegre:

CÓDIGO DE COLORES

T: colores tristes

A: colores alegres

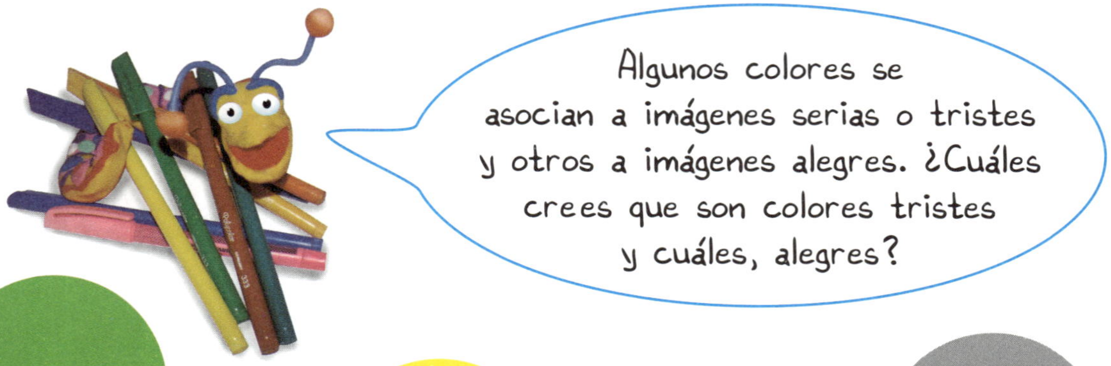

Cartulina 5. Haz un molinillo. Colorea el cuadrado y decóralo con flores de colores alegres, luego recórtalo. Dobla las puntas y únelas en el centro con un alfiler. Después, clávalo en un palo y hazlo girar con el viento.

4. Pinta un vestido con colores tristes y el otro con colores alegres:

COLORES TRISTES

COLORES ALEGRES

5. Observa el ejemplo y colorea el dibujo con distintos tonos de azul:

6. Busca información en Internet acerca de la bandera olímpica y responde a las preguntas. Dibuja una antorcha olímpica y la bandera:

– ¿Cuáles son los seis colores que tiene la bandera?

....

– ¿Crees que la bandera olímpica es un símbolo renococible en todo el mundo? ¿Por qué? ....

– ¿Qué deporte olímpico te gusta más? ¿Practicas alguno?

....

7. Lee, responde a las preguntas y dibuja la bandera que más te guste:

– Si ves una bandera blanca con una cruz de color rojo, ¿sabes qué significado tiene? ¿Dónde la puedes encontrar?

....

....

– ¿Qué nos indica una cruz verde en la puerta de un comercio?

....

....

– Explica qué significan las banderas de colores que podemos ver en las playas:

bandera verde: ....

bandera amarilla: ....

bandera roja: ....

– ¿Qué nos indica una bandera azul en la playa?

....

....

4 LAS FIESTAS

Fra ANGÉLICO: *La Anunciación.*

- ¿Quiénes son las figuras principales de esta pintura?
  - Describe cómo representa el artista el sol.
  - Di qué es lo que más te gusta del cuadro y explica por qué.
- Busca en Internet o en la biblioteca cuándo y dónde vivió Fra Angélico.

1. Sigue los pasos para hacer una bola que decore tu árbol de Navidad:

BOLA DE NAVIDAD

Necesitarás: una cartulina, un vaso, un lápiz, rotuladores, una aguja de coser, hilo y tijeras.

Pasos:

1. Dibuja dos círculos en la cartulina con la ayuda de un vaso.
2. Decora los dos círculos con los motivos navideños que prefieras.
3. Píntalos con rotuladores de varios colores.
4. Recorta los dos círculos. Haz un corte en cada círculo del exterior al centro.
5. Encaja los dos círculos.
6. Con una aguja de coser, pasa un hilo por un extremo de la bola para colgarla en tu árbol.

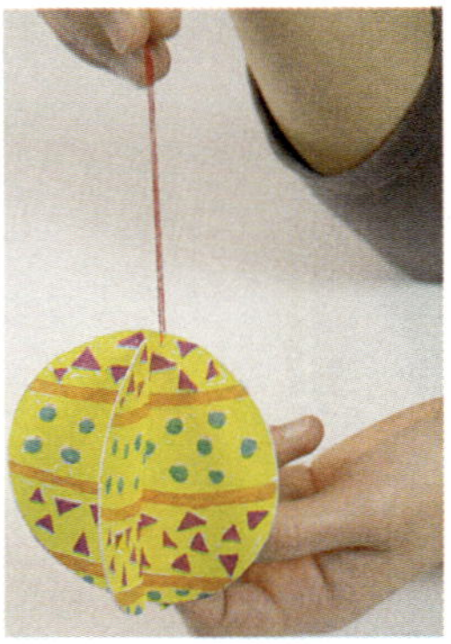

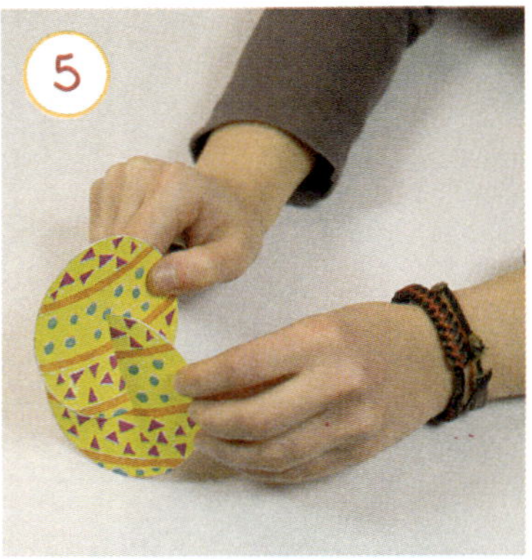

explorador@di
Adornos navideño
www.tiching.com/49

2. Dibuja un cielo con estrellas de cuatro, cinco y seis puntas. Dibuja también la estrella de Belén:

3. Trabajo en equipo. Poned junta toda la fruta o alimentos que traigáis para el recreo. El profesor o profesora la colocará en una mesa y vosotros la dibujaréis haciendo un bodegón:

4. Colorea los dibujos de Papá Noel. Utiliza ceras de colores en uno y rotuladores en el otro:

Observa el resultado que se obtiene al utilizar distintos materiales.

Cartulina 6. Observa el modelo del ángel. Colorea las piezas, recórtalas y pégalas para montar tu ángel.

5. Dibuja este muñeco de nieve utilizando algunas figuras geométricas:

6. Observa los símbolos y lee la información. Después, dibuja un símbolo conocido e inventa otro:

Batman

Superman

El Zorro

El dibujo del murciélago que representa a Batman, la letra "S" que representa a Supermán y la "Z" que representa a El Zorro son símbolos.

Los símbolos sirven para identificar objetos, personas o ideas.

Por ejemplo, las marcas de coche tienen sus símbolos propios.

7. Observa el dibujo, contesta a la pregunta y dibuja un barco parecido:

– ¿Qué significa la bandera que lleva el barco?

....

....

5 LA CREATIVIDAD

Giuseppe ARCIMBOLDO: *La primavera.*

Giuseppe ARCIMBOLDO: *El hortelano.*

- ¿Por qué crees que la primera obra se llama *La Primavera*?
  – ¿Sabrías el nombre de algunas de las flores que hay en el cuadro?
- Observa la obra *El hortelano.* Dale la vuelta al libro y obsérvalo al revés.
  – ¿Qué ves?
  – Nombra algunas de las verduras que se ven en el segundo cuadro.
- ¿Te parecen creativos estos cuadros? ¿Por qué?

1. Observa el ejemplo y haz una composición con flores y verduras. El resultado debe ser una figura diferente:

Cartulina 7. Completa las caras y ponle flores para hacer el pelo.

2. Observa cómo está decorada cada letra de la palabra plástica.
Escribe y decora tu nombre:

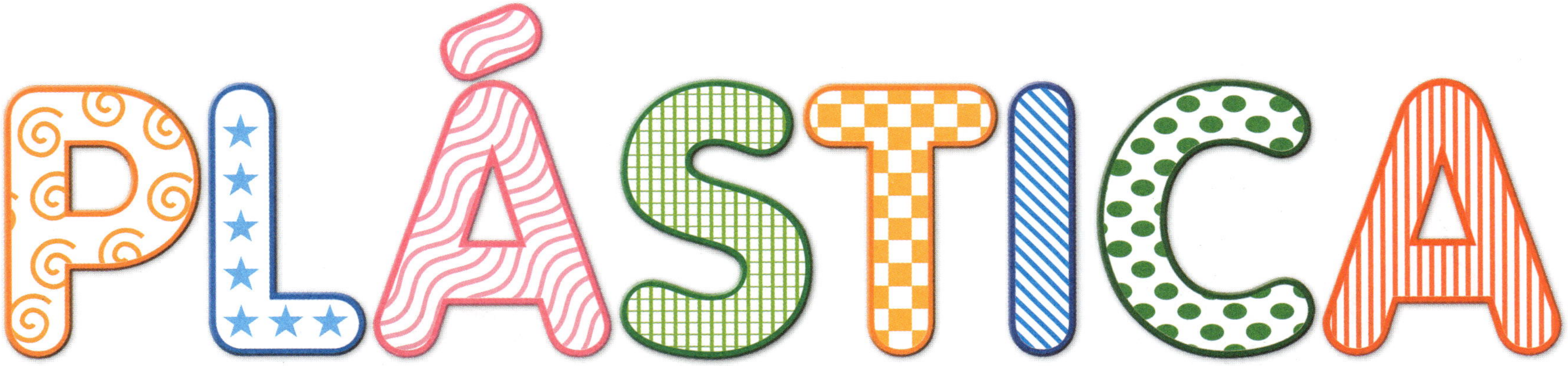

3. Arruga una hoja de papel y colócala debajo de esta ficha. Luego, colorea el vestido y la alfombra y observa el resultado:

4. Observa los dibujos celtas. Colorea el nudo celta con varios colores:

explorador@digital
Nudos celtas
www.tiching.com/494238

5. Dibuja la parte que falta del plano del tesoro:

6. Trabajo en equipo. Hacemos un plano del tesoro pirata. Entrad en Internet y seguid estos pasos:

PLANO DEL TESORO PIRATA

Necesitaréis: un ordenador, papel, lápices de colores, pegamento y tijeras.

Pasos:

1. Buscad en Google "plano del tesoro pirata".
2. Pulsad en imágenes.
3. Entre todos, elegid uno de los planos que aparezcan, el que más os guste.
4. Imprimidlo tantas veces como alumnos seáis.
5. Recortadlo con cuidado y pegadlo cada uno en vuestro libro.
6. Completadlo con nombres, colores y todo lo que creáis necesario para hacer un buen plano del tesoro pirata.

7. Une los puntos del 1 al 47 y colorea el dibujo. Coloca una mano sobre el rectángulo, marca puntos a su alrededor y retira la mano. Numera los puntos, únelos y colorea:

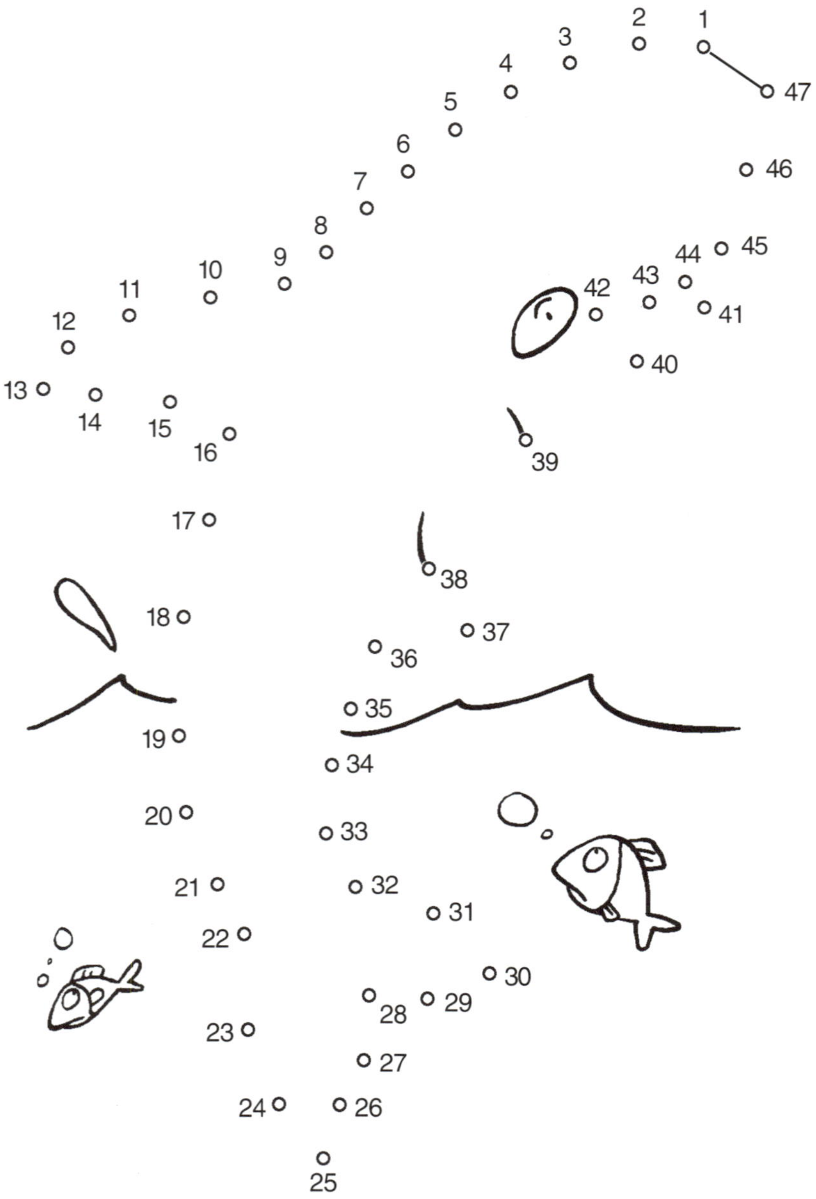

6 LA LÍNEA

- Observa el cuadro atentamente y di:
  - ¿Qué colores predominan?
  - ¿Cómo son las líneas que aparecen?
- ¿Qué piensas que ha querido transmitir el artista en este cuadro?
- ¿Qué hay en primer plano? ¿Y en segundo?
- Da tu opinión sobre la obra.

Edvard MUNCH: *El grito*.

1. Dibuja tu propia versión del cuadro *El grito*:

2. Escribe el nombre de estas líneas y haz un dibujo con cada una de ellas. Usa regla:

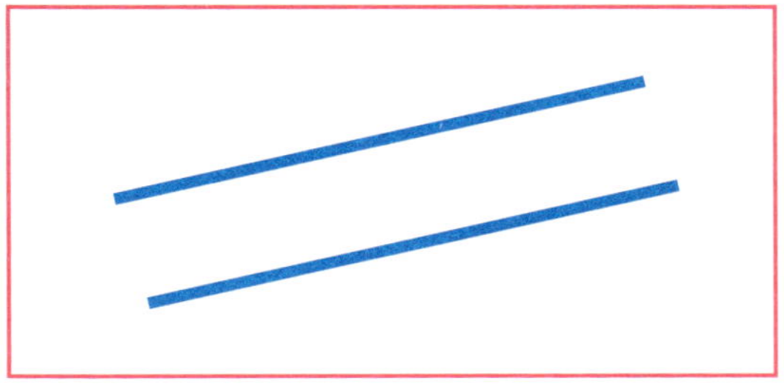

....

3. Continúa el dibujo del mar con líneas onduladas y complétalo con otros elementos:

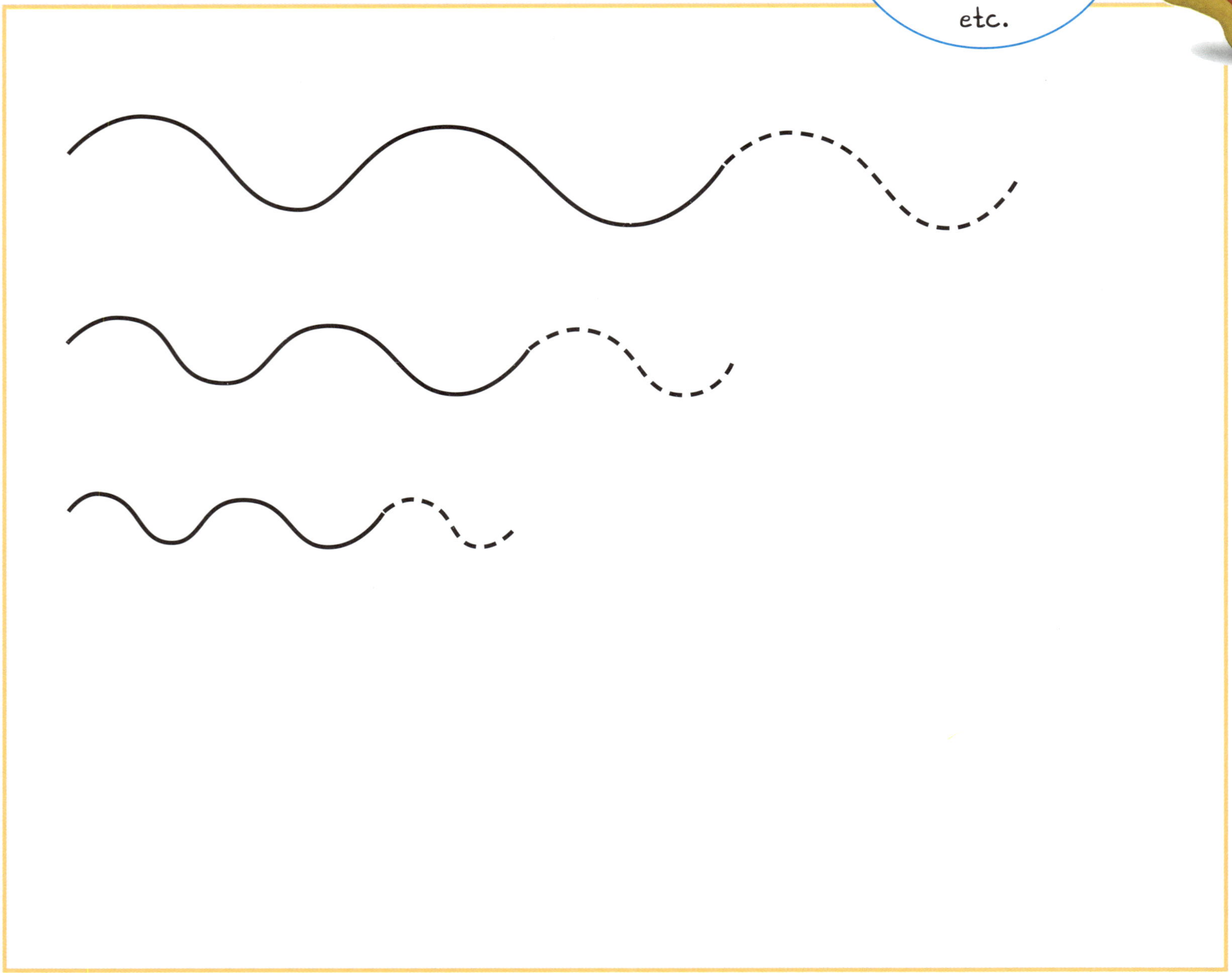

4. Observamos las ondas. Entrad en Internet y seguid los pasos que tienes a continuación:

ONDAS EN EL AGUA

1. Buscad en Google "ondas en el agua".
2. Pulsad en imágenes.
3. Observad las fotografías y los dibujos que aparecen.
4. Haced el dibujo de una charca en la que haya caído una piedra.

5. Dibuja líneas y segmentos con la regla:

– Dibuja dos líneas paralelas: una de 4 centímetros y la otra, de 9:

– Dibuja un segmento de 6 centímetros y otro de 1:

– Suma los dos segmentos anteriores. Dibújalos y escribe cuánto suman:

– Mide los siguientes segmentos y súmalos. Escribe sus medidas:

6. Observa los dibujos hechos con puntitos sobre una cuadrícula y cópialos en la cuadrícula de la derecha:

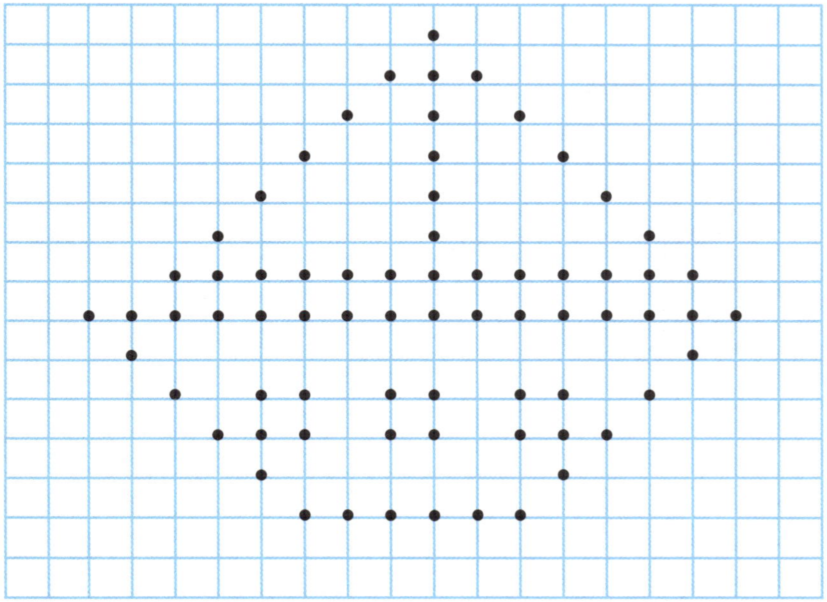

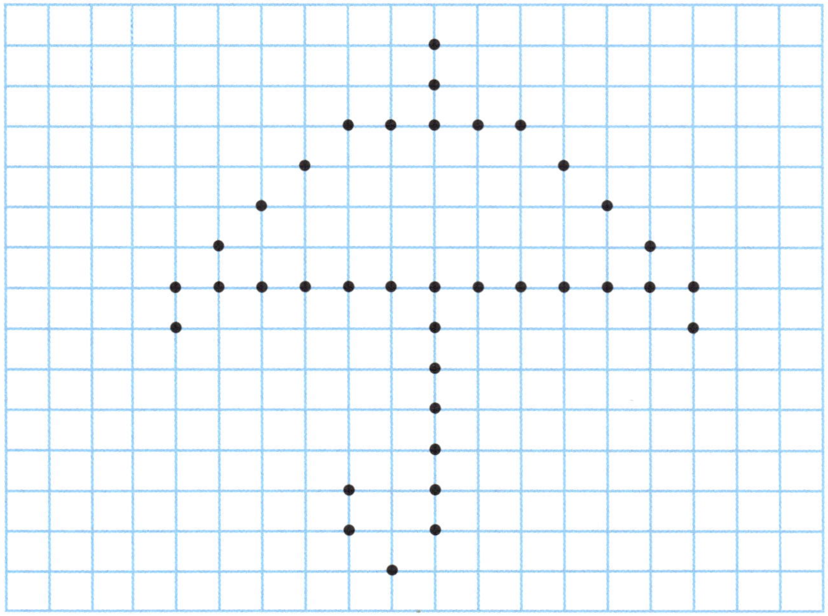

7. Fíjate en la dirección de los trazos de este dibujo y colorea el paisaje con diferentes tipos de líneas:

líneas verticales

líneas horizontales

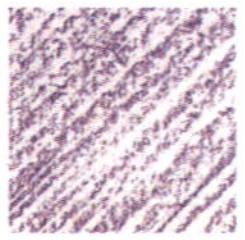

líneas inclinadas

líneas curvas

Cartulina 8. Observa la composición de líneas y figuras. Haz otra composición trazando líneas rectas o curvas, largas o cortas, etc. Utiliza lápices de cera blanda y combina los colores.

7 LOS ANIMALES

Patio de los leones.

Cebú con corona.

León hitita.

- Observa estas esculturas de animales:
  - En grupo, conversad sobre ellas.
  - ¿Cuál os gusta más?
  - ¿A qué animales representan?
  - ¿Parecen animales reales?
- Busca cuál de estas tres obras puedes ver en España.

1. Lee el texto y observa el dibujo de la jirafa mirándose en el espejo. Completa la silueta y pinta las manchas de la jirafa en la imagen que refleja el espejo:

Debes intentar que tu dibujo quede simétrico a la jirafa.

La imagen que se refleja en un espejo guarda simetría con la persona, animal o cosa que se mira.

2. Dibuja el animal que te gustaría tener como mascota:

Cartulina 9. Colorea la serpiente con ceras blandas de colores. Después, cubre todo el dibujo con cera negra. Raspa la cera negra con un palillo y desvela el dibujo que hay debajo.

3. Lee la historia, ilústrala viñeta a viñeta y ponle un título:

....

1. De un pequeño huevo nació una pequeña oruga, negra como el carbón.

2. Como tenía mucha hambre, la oruguita buscó una gran hoja verde y empezó a comer.

3. Durante los siguientes días, la oruguita creció y creció hasta que se convirtió en una gran oruga.

4. Entonces sintió deseos de transformarse. Tejió una crisálida alrededor de sí misma y se quedó dormida.

4. Completa la mitad del dibujo que falta. Inventa el texto del bocadillo:

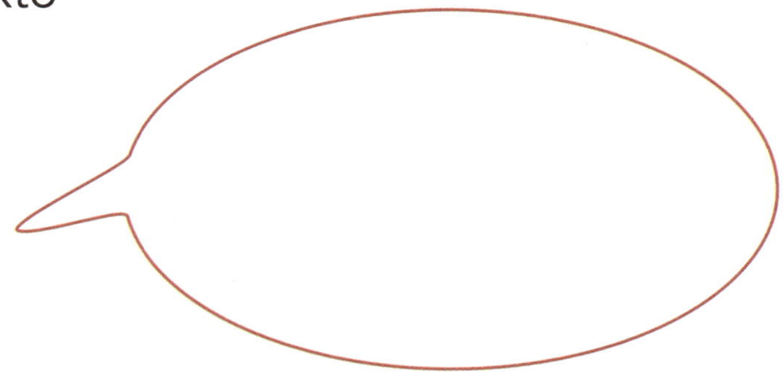

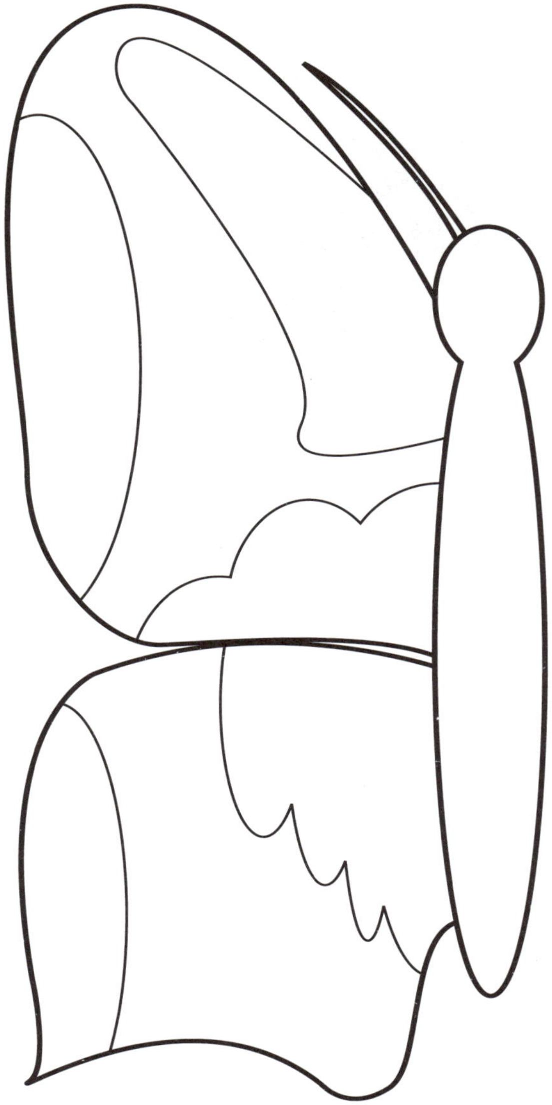

explorador@digital
Mariposa origami
www.tiching.com/494234

5. Al poco tiempo, la crisálida se abrió y salió una mariposa. Era la oruga transformada en una hermosa mariposa.

5. Observa la textura de la piel de los animales y contesta a la pregunta:

– ¿Cómo crees que son las pieles de estos animales al tacto?

La textura es: ....

La textura es: ....

La textura es: ....

Dibuja un pez imitando la textura de su piel:

6. Observa los dibujos de la hormiga. Copia abajo la hormiga de frente y de perfil y completa su entorno:

7. Sigue los pasos para hacer una tela de araña:

TELA DE ARAÑA

Necesitas: 4 palillos de madera largos y una cuerda delgada o hebra de lana.

Pasos:

1. Une los palillos con la cuerda como en el dibujo.
2. Haz un círculo sujetando el hilo en cada palillo. Después corta la cuerda y anúdala.
3. Completa varias vueltas hasta que quede igual que en el dibujo.
4. Dibuja una araña y una mosca en una cartulina, recórtalas y pégalas en la tela de araña.
5. Dibuja un boceto de la araña y la mosca en los dos recuadros.

1

2
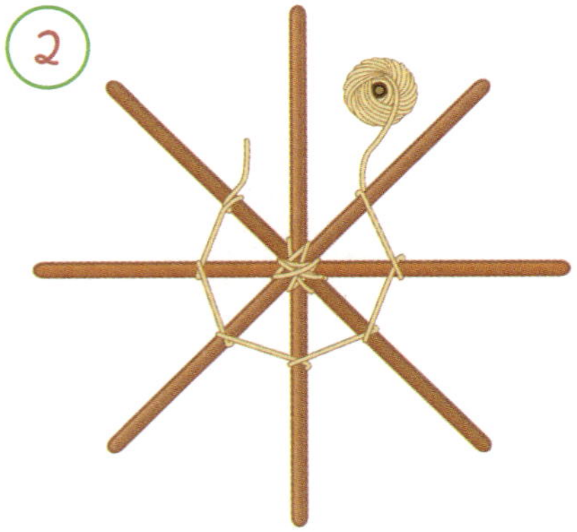

3
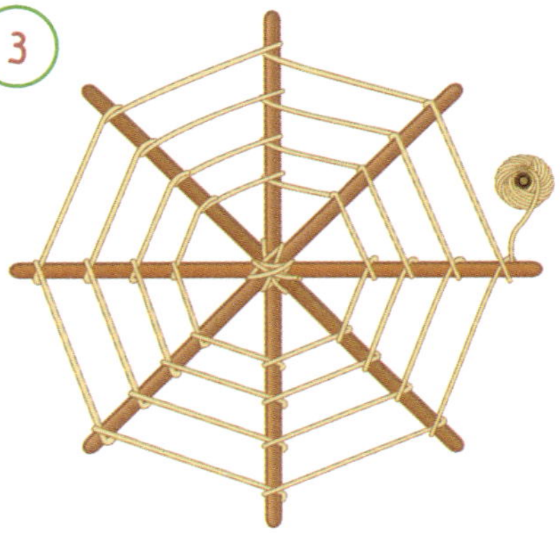

4
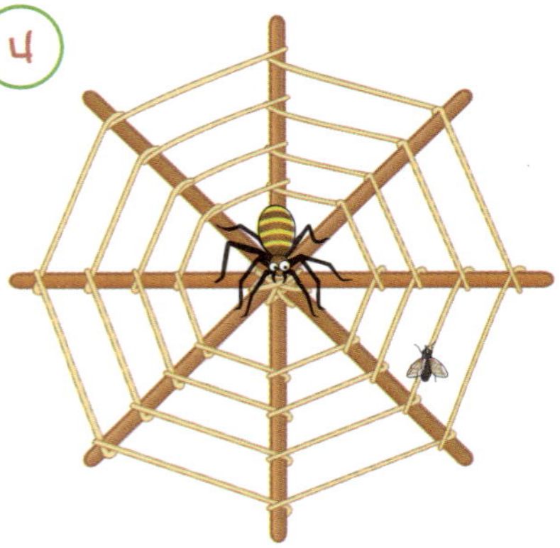

5

8 LAS PLANTAS

Diego RIVERA: *Vendedora de alcatraces.*

- Observa el cuadro y describe a la vendedora:
  - ¿Qué es lo que más llama la atención de la obra?
  - ¿Qué colores predominan?
- Busca en Internet imágenes de murales hechos por el artista.

1. Copia y pinta la flor de la obra de Diego Rivera:

explorador@c
Colorear flore
www.tiching.com/4

2. Termina de trazar la palmera y sombrea más oscura la parte que no ilumina el sol y más clara la parte iluminada. Con ello, conseguirás representar el volumen de la pamera. Usa lápiz de grafito:

3. Observa las muestras de flores. Recorta formas redondeadas de papel charol y compón flores. Luego, pégalas en el jardín:

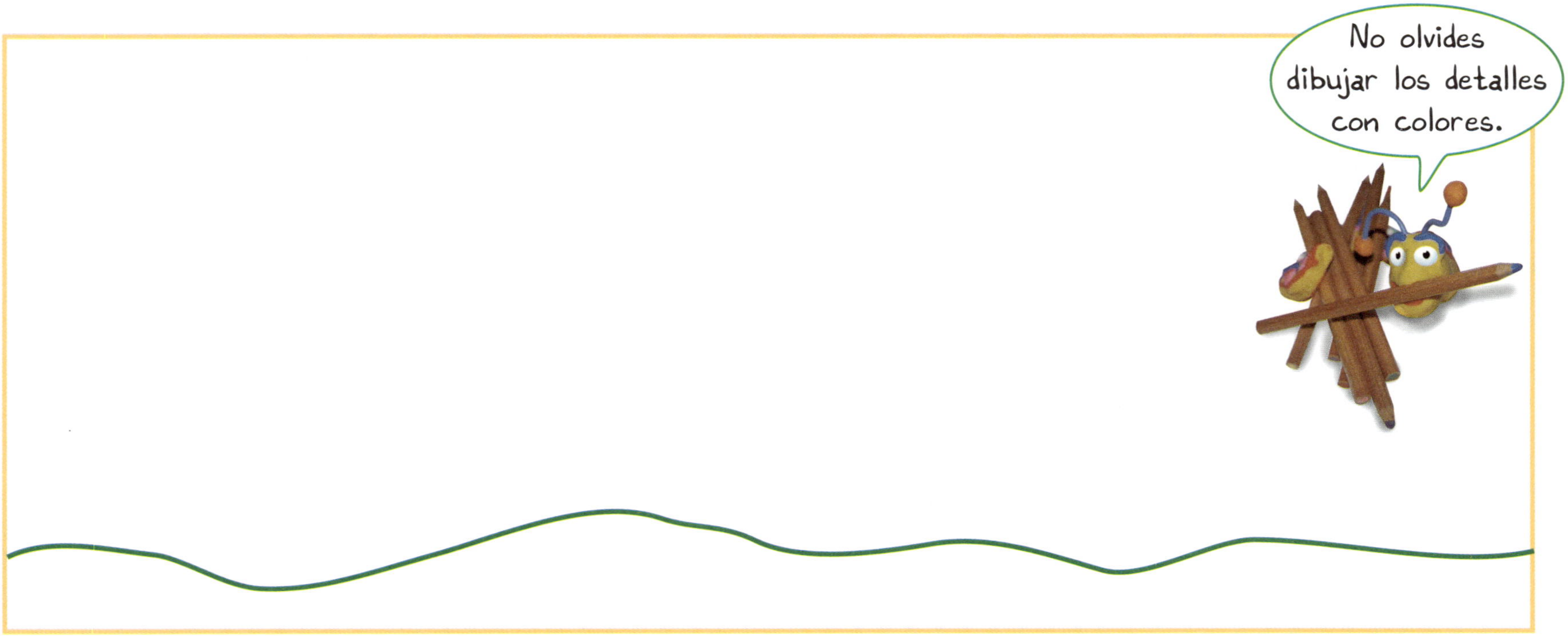

Cartulina 10. Pinta las flores con témperas.

4. Lee los pasos para tejer la cesta:

CESTA

Las hojas de las palmeras se usan para tejer todo tipo de cestas, porque son de un material muy flexible.

1. Recorta tiras de papel charol de dos colores de forma que se ajusten a la anchura y a la altura de la cesta de la cartulina 11.
2. Primero, pega horizontalmente y por el extremo izquierdo, las tiras más largas. Utiliza solo una gota de pegamento.
3. Entrelaza las tiras del otro color verticalmente y, después, pon pegamento en los extremos de éstas.
4. Por último, termina de pegar las tiras horizontales por el extremo que dejaste sin pegar.

1

2

3

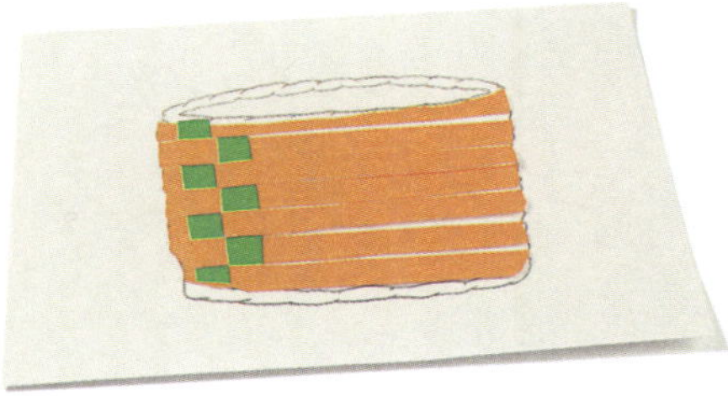

4

Cartulina 11. Elabora la cesta con tiras de papel charol. Pega y entrelaza las tiras sobre la cesta y dibuja elementos a los lados del cesto.

5. Transforma o aprovecha materiales reciclables para obtener una maceta o un jarrón. Observa el ejemplo y dibuja un boceto de tu proyecto:

6. Observa el dibujo del bonsái y cópialo en la cuadrícula:

7. Observa los árboles y cópialos en el lugar que les corresponde dentro del paisaje:

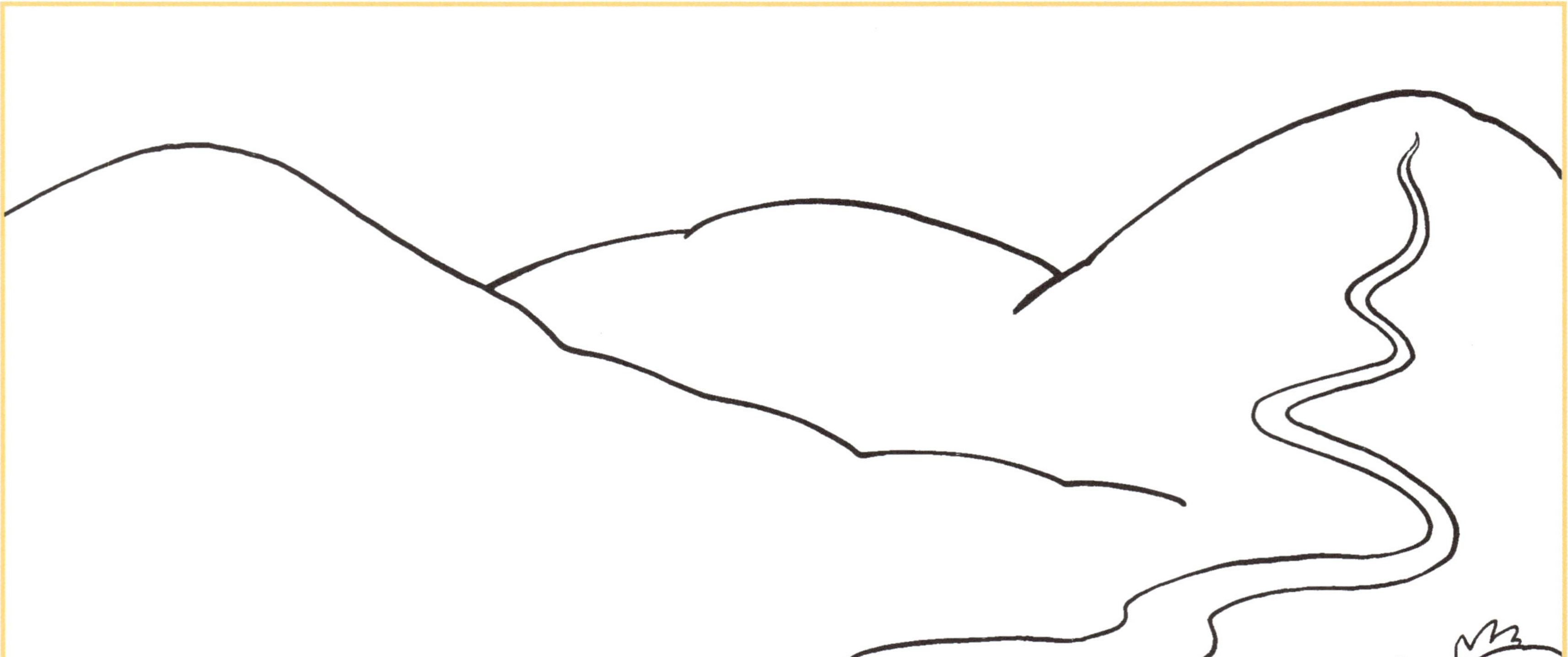

9 EL PAISAJE

Pierre-Auguste RENOIR: *El Sena en Asnières.*

explorador@digital
Cuadros de Renoir
www.tiching.com/494236

- Observa y describe el cuadro:
  - ¿Qué destaca en el cuadro?
  - ¿Crees que es un día soleado o nublado? Explica tu respuesta.
- Buscad en grupo información acerca del cuadro y del pintor. Comentad lo que hayáis averiguado.

1. Dibuja el reflejo de los patos en el estanque:

2. Observa el dibujo y contesta. Después completa la imagen con otras nubes y lluvia:

– ¿Hace viento? ....

– ¿Qué te hace pensar en esa posibilidad? ....

3. Coloreamos el cielo. Entrad en Internet y seguid estos pasos:

NUBES Y LLUVIA

1. Buscad en Google "dibujo de nubes y lluvia".
2. Pulsad en imágenes.
3. Elegid el dibujo que más os guste y que sea del tamaño del recuadro de la derecha.
4. Copiadlo en un documento e imprimid tantas copias como alumnos seáis.
5. Recortadlo con cuidado y, a continuación, pegadlo cada uno en su libro.
6. Ahora, ya podéis colorearlo. Recordad que debéis tener en cuenta la técnica que Renoir aplicaba a su obra.

4. Lee e ilustra el refrán viñeta a viñeta y contesta a las preguntas:

Marzo ventoso y…

abril lluvioso,

dejan a mayo florido y hermoso.

– ¿De qué estación del año habla el refrán?

....

– ¿Qué es lo más representativo de esta estación?

....

....

....

– ¿Qué estación del año te gusta más?

....

5. Observa las montañas y dibújalas. Añade otros elementos que puedan encontrarse en un paisaje como este:

6. Lee la historia. Escribe y dibuja otra parecida:

PAISAJE URBANO

Desde la  de mi clase puedo ver

algunas  y el  . A veces hay 

cruzando el cielo.

Si miro hacia la derecha veo un  , 

y  . A la izquierda hay un parque

con muchos   y una  .

Allí hay varios  montando en 

y un  paseando a su  .

....

....

....

....

....

....

....

....

....

7. Observa el dibujo y tacha los elementos que no deberían estar en el paisaje. Dibuja otro barco y añade más elementos al paisaje:

Cartulina 12. Completa el paisaje desértico. Recorta los dibujos de la parte superior y pégalos dentro del paisaje. Completa la imagen con serrín o arena.

10 MATERIALES

Castillo de Ponferrada (León).

- ¿Te parece que un castillo es una obra de arte?
  - ¿Por qué crees que no se construían castillos de madera u otro material?
  - ¿Hay algún castillo en tu localidad o cerca de ella? Menciona el nombre de un castillo que conozcas.
- Señala en la fotografía las torres y la puerta del castillo.

1. Dibuja un castillo:

exploradora@
Construye tu castillo
www.tiching.com/

Cartulina 13. Colorea, recorta y construye las casas. En grupo, pegad las casas de toda la clase en cartulinas y dibujad las calles. Comentad qué materiales se usan en las construcciones modernas.

2. Inventa una historia con estos personajes y dibújala en estas cuatro viñetas. Escribe los diálogos en bocadillos:

3. Lee el texto y observa la técnica de dibujo llevada a cabo con dos rotuladores. Después haz un dibujo con la misma técnica:

> En plástica no hay límites para crear. Puedes usar todo tipo de técnicas y materiales para expresarte.
>
> Para hacer un dibujo con dos rotuladores, coge ambos juntos y pinta en la hoja sin que se separen entre ellos o que uno quede más alto que el otro.

4. Observa las figuras hechas con plastilina y cañas. Dibuja un boceto y luego construye tus propias creaciones:

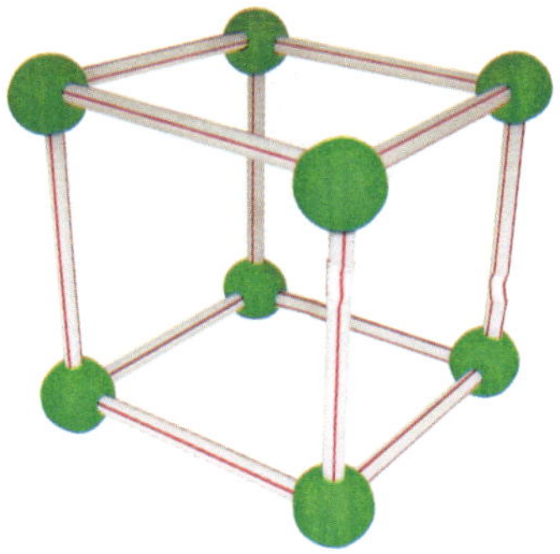

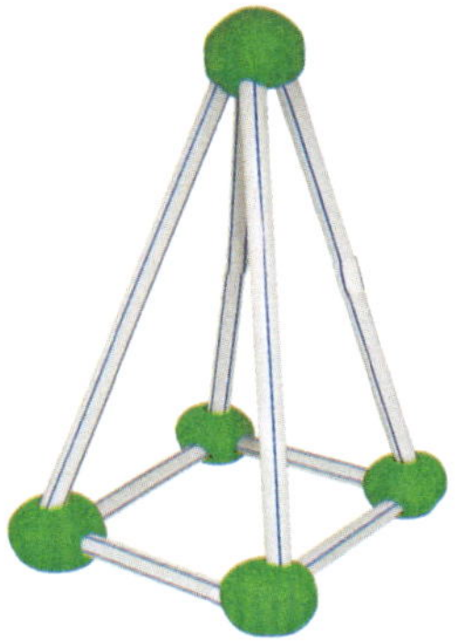

5. Observa las figuras hechas con cartulinas de colores.
Recorta cartulinas, forma y pega tus propias figuras debajo:

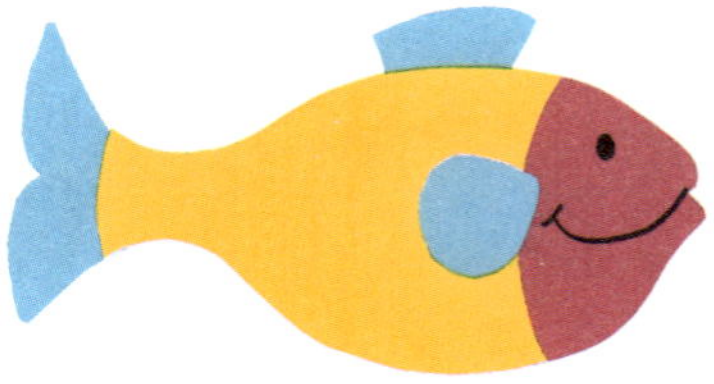

6. Continúa las series. Sitúa las reglas como ves. Mantén fija la regla larga y desliza la escuadra o cartabón:

2 cm

2 cm

2 cm

4 cm

Cartulina 14. Experimenta con las técnicas de tizas secas o mojadas.

7. Observa el ejemplo y sombrea la manzana con lápiz de grafito:

11 EL PASADO

- Busca en el diccionario, o pregunta a los mayores, qué significa la palabra *piconera*.
- Observa y describe el cuadro:
  - ¿Qué podemos distinguir en el fondo del cuadro?
  - ¿Te gusta este cuadro? Explica por qué.

Julio ROMERO DE TORRES: *La chiquita piconera*.

1. Observa las fotografías e inventa un dibujo nuevo para un billete de cinco euros:

2. Observa el dibujo. Dibuja los objetos de la estantería y al personaje delante del mueble:

3. Colorea este coche antiguo con ceras duras:

4. Completa las siguientes definiciones. Después, con una regla, dibuja en cada circunferencia el elemento indicado:

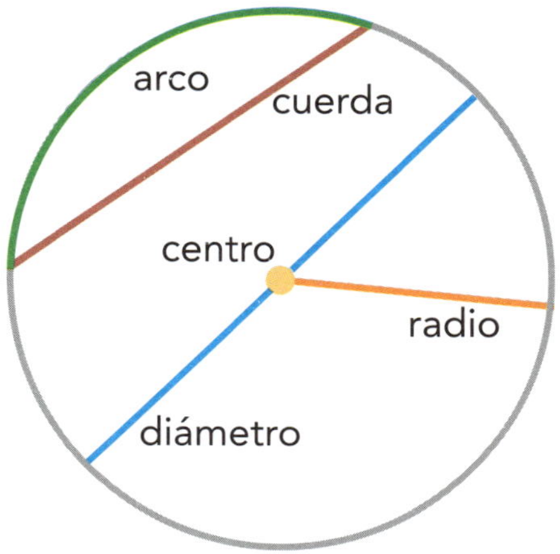

radio • centro • diámetro • cuerda • arco

– El .... es el segmento que pasa por el centro y une dos puntos opuestos.

– El segmento recto, cuyos extremos son dos puntos de la curva, se llama ....

– La curva que une dos puntos es el ....

– El .... es un segmento que une el centro con un punto de la circunferencia.

– El punto que se encuentra a la misma distancia de todos los puntos de la circunferencia se llama ....

centro

diámetro

arco

radio

cuerda

5. Recorta fotos de revistas en las que se vean personas mayores y forma un *collage*:

explorador@di

El *collage*

www.tiching.com/494

6. Dibuja las líneas y figuras que le faltan al caparazón de la tortuga de la derecha:

Cartulina 15. La abuela le ha borrado las manchas a su dálmata. Recórtalas y colócaselas otra vez.

7. Observa las monedas antiguas. Coloca monedas debajo de esta hoja y haz rayas sobre ellas con un lápiz como en el ejemplo:

12 LAS VACACIONES

Georges Pierre SEURAT: *El circo.*

Paul SIGNAC: *Puerto de Saint Tropez.*

Seurat y Signac trabajaron la técnica del puntillismo, que consiste en pintar haciendo pequeños puntos de color.

- Observa los dos cuadros y descríbelos:
  - ¿Qué opinas sobre esta técnica? ¿Te gusta? Explica por qué.
  - ¿Cómo son los colores del cuadro *El circo*?
  - ¿Y los colores del cuadro *Puerto de Saint Tropez*?

1. Pinta el árbol y el toldo con la técnica del puntillismo con rotuladores; el resto del dibujo, con lápices de cera dura:

2. Observa el ejemplo y haz lo mismo con dos de estos dibujos:

3. Lee la frase y colorea la ropa de los niños utilizando la gama de un color para la niña y la gama de otro para el niño:

> Una gama es el conjunto de distintos tonos de un mismo color.

4. Observa la posición de la abeja en los dibujos. Realiza otros dibujos con objetos delante y detrás. Los objetos pueden estar relacionados con las vacaciones:

Cartulina 16. Extiende plastilina en cada cuadrado y consigue diferentes texturas. Puntea un cuadrado con un lápiz, haz líneas en otro, alisa el tercero, etc.

5. Realiza dibujos a partir de los siguientes trazos:

6. Ponle nombre a estos ángulos y completa:

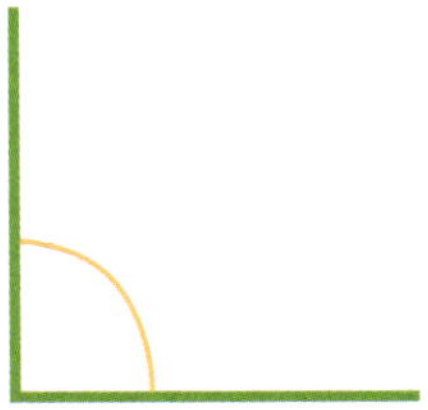

ángulo recto

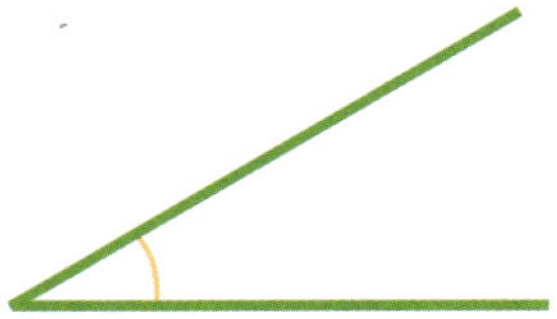

ángulo agudo

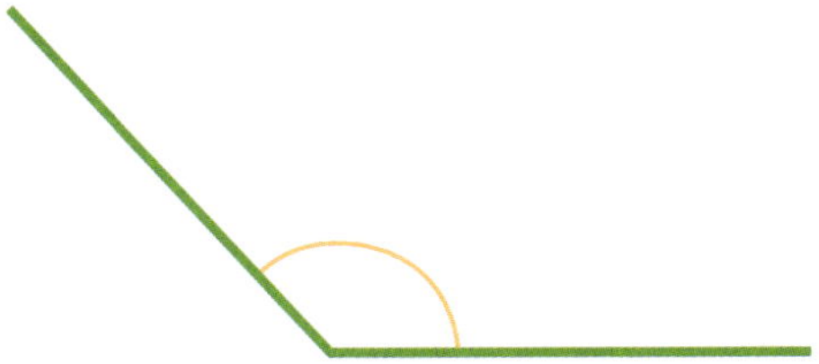

ángulo obtuso

....

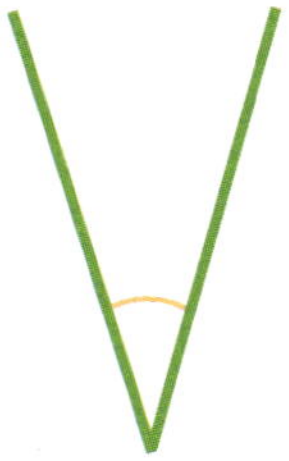

....

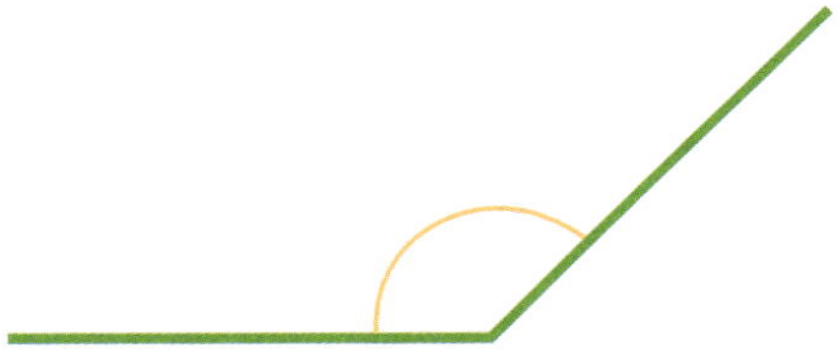

....

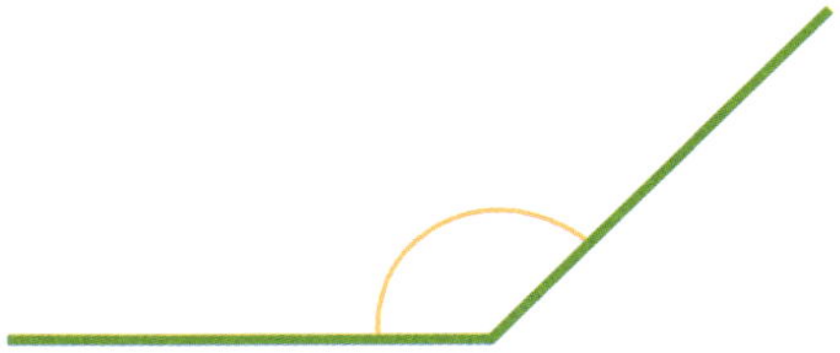

....

....

....

El pico de un pájaro forma un ángulo agudo.

.... forma un ángulo recto.

.... forma un ángulo obtuso.

7. Observa el símbolo y contesta. Utiliza cartulinas de colores y recorta un plato, un vaso, cubiertos y pan y pégalos en el recuadro. Añade otros detalles:

– ¿En qué lugar puedes encontrar este símbolo?

....

8. Recuerda lo que has trabajado en plástica durante este curso:

1. Escribe el nombre de tres artistas que te hayan gustado:

   ....

2. Escribe el nombre de alguna obra de arte que te haya gustado:

   ....

3. Nombra algunos materiales con los que has trabajado:

   ....

4. Pon un ejemplo de cada técnica:

   – Pegado: el *collage*

   – Coloreado: ....

   – Modelado: ....

   – Recortado: ....

   – Sombreado: ....

   – Esgrafiado: ....

5. Nombra algún objeto que tenga una forma geométrica reconocible:

   ....

   ....

6. Gama de color. Colorea esta tira gradualmente desde el blanco hasta el azul marino:

7. Menciona algunos términos plásticos que recuerdes como por ejemplo boceto o textura:

....

8. Has buscado información en Internet sobre:

....

9. En este curso has cuidado de la naturaleza. Por ejemplo:

....

10. ¿Has participado activamente en las actividades en grupo?

....

Has llegado al final del curso. Durante todo este tiempo te ha acompañado nuestra mascota. Coge plastilina y modela una igual.

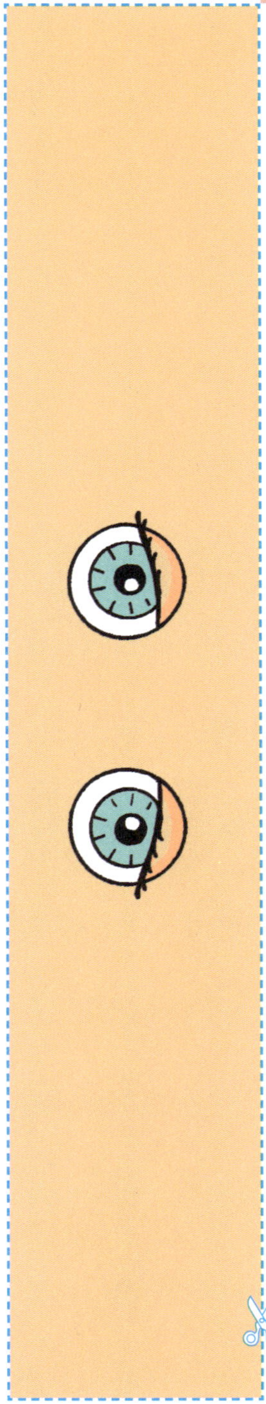

¿Hacia dónde mira esta chica?

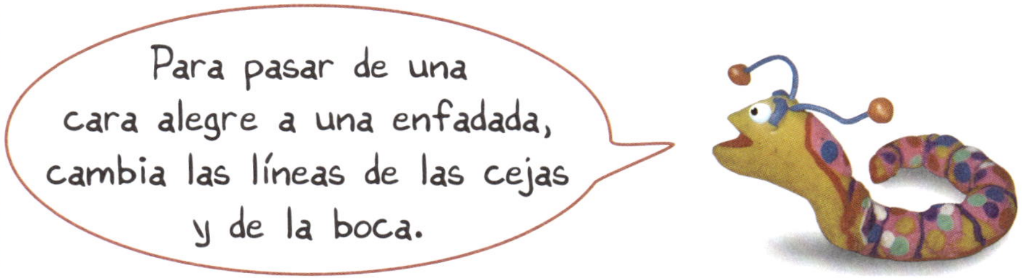
Para pasar de una cara alegre a una enfadada, cambia las líneas de las cejas y de la boca.

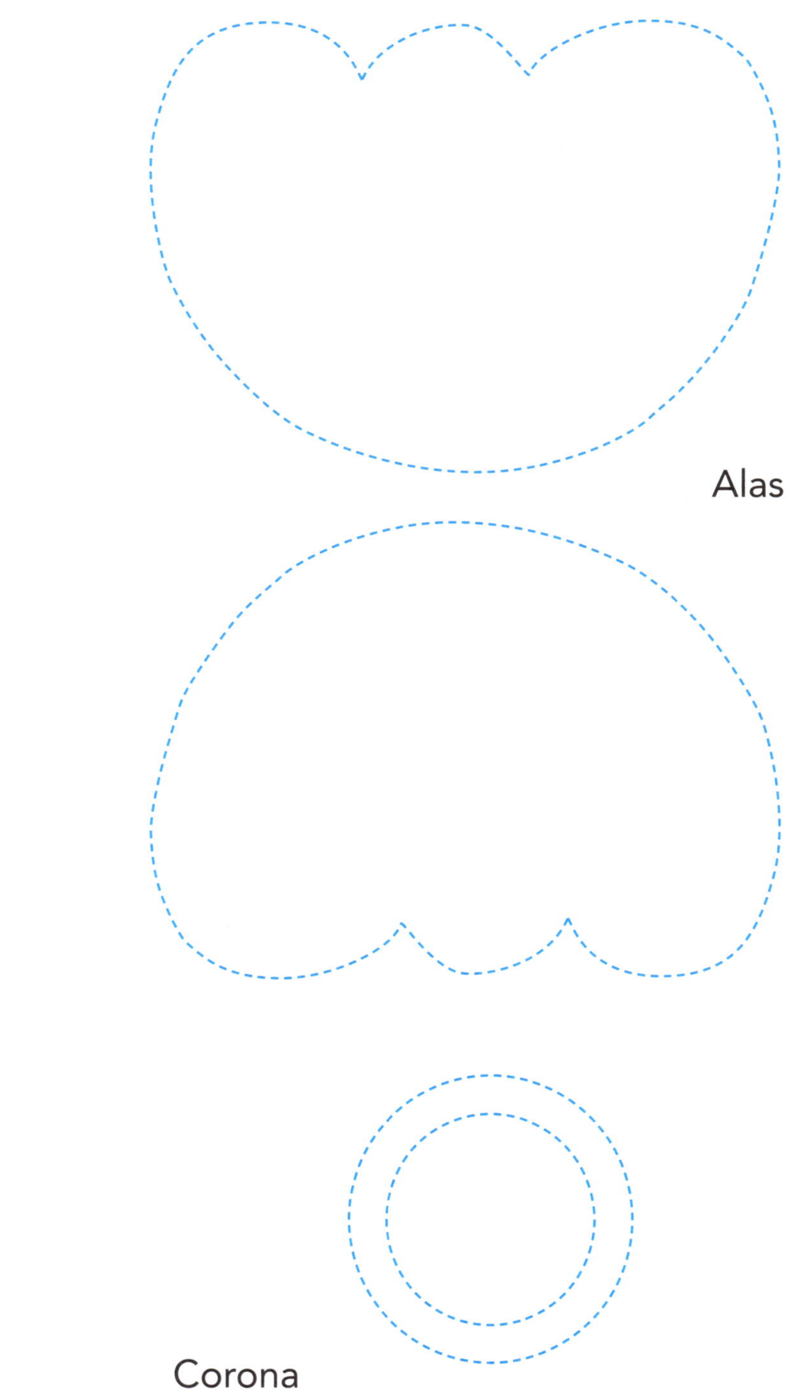
Cabeza
Alas
Corona

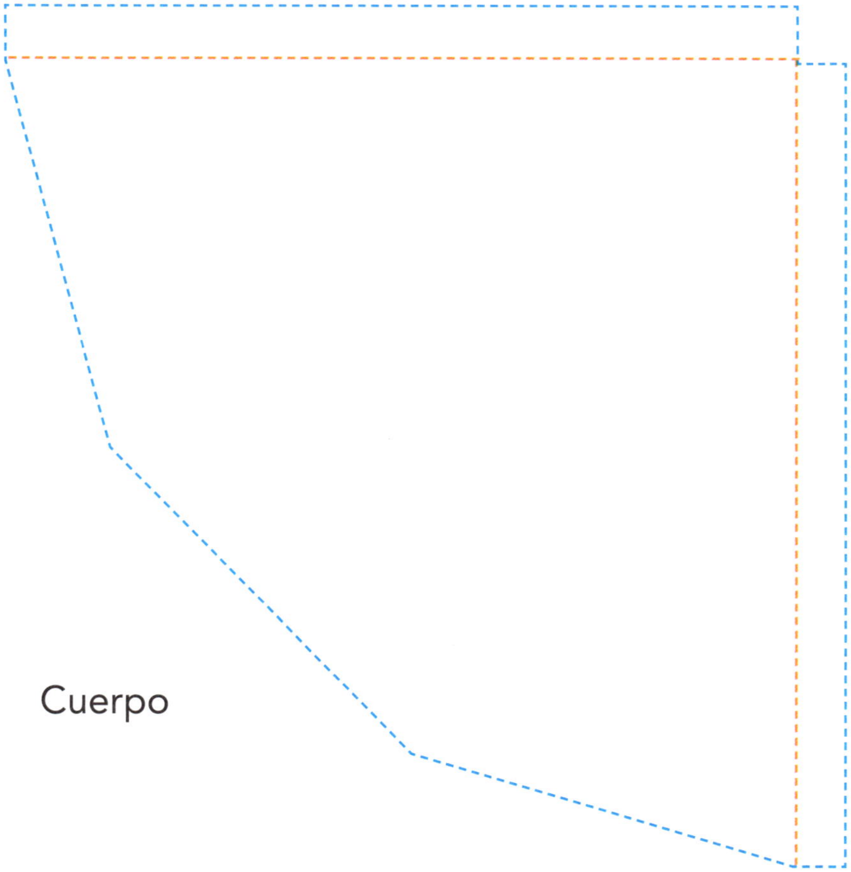
Cuerpo

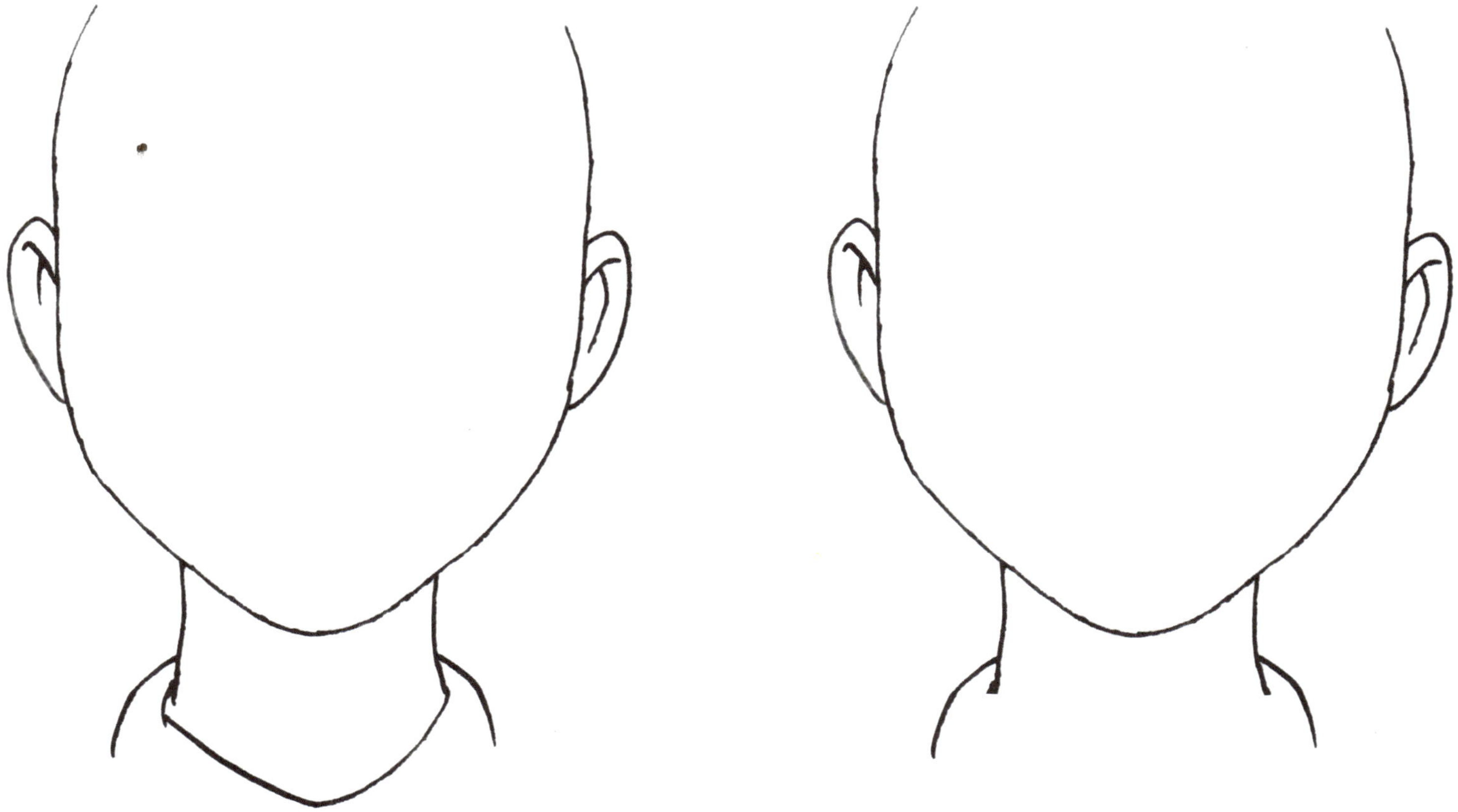

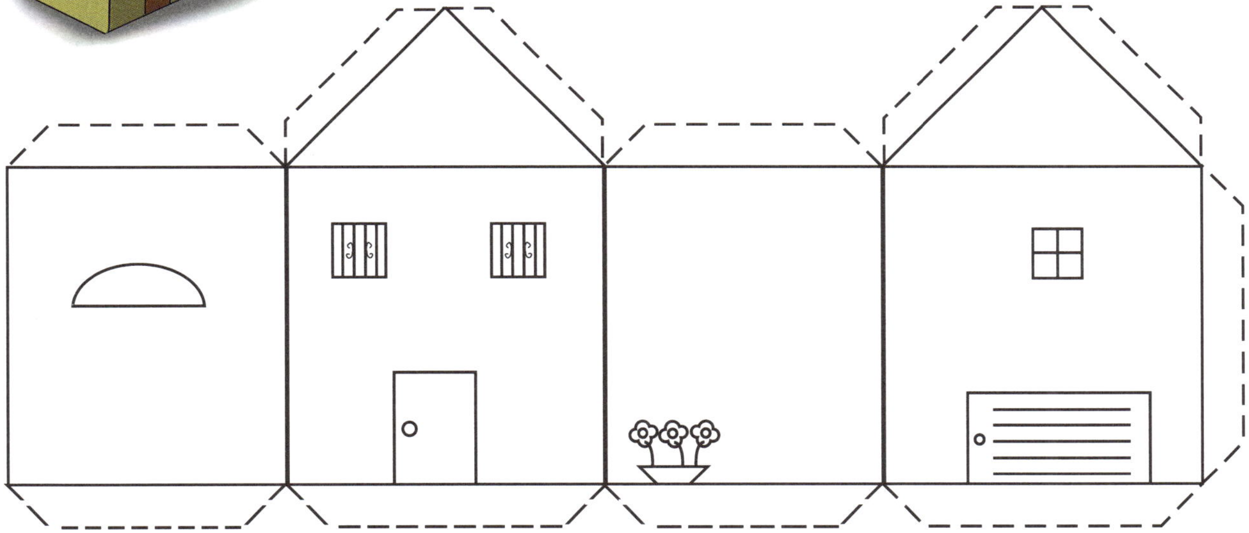

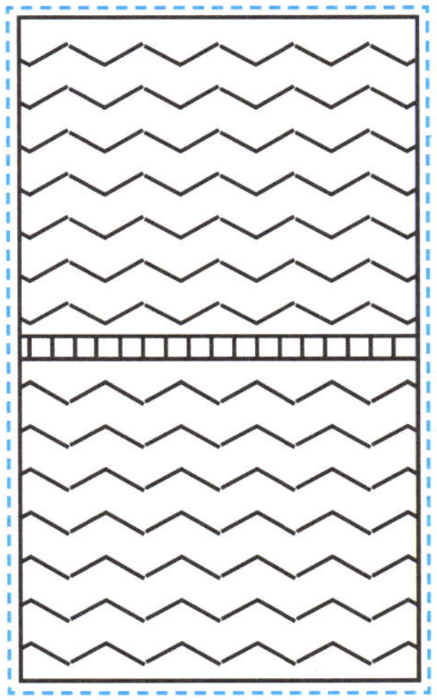

Tiza seca

Tiza mojada

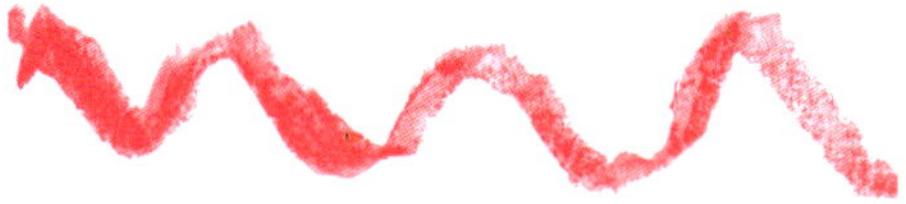

Tiza seca en
posición plana

Tiza mojada en
posición plana

¿Qué más se te ocurre para dar textura a los tres últimos cuadrados?